ANDRÉA JOURDAN

Complètement

# TOMATES

LES ÉDITIONS DE
L'HOMME

Une société de Québecor Média

Design graphique : Josée Amyotte
Infographie : Chantal Landry, Johanne Lemay
Révision : Lucie Desaulniers
Correction : Sylvie Massariol
Photographies : Philip Jourdan

DISTRIBUTEUR EXCLUSIF :
**Pour le Canada et les États-Unis :**
MESSAGERIES ADP*
2315, rue de la Province
Longueuil, Québec  J4G 1G4
Téléphone : 450-640-1237
Télécopieur : 450-674-6237
Internet : www.messageries-adp.com
* filiale du Groupe Sogides inc.,
   filiale de Québecor Média inc.

**Suivez-nous sur le Web**

Consultez nos sites Internet et inscrivez-vous
à l'infolettre pour rester informé en tout
temps de nos publications et de nos concours
en ligne. Et croisez aussi vos auteurs préférés
et notre équipe sur nos blogues !

EDITIONS-HOMME.COM
EDITIONS-JOUR.COM
EDITIONS-PETITHOMME.COM
EDITIONS-LAGRIFFE.COM

Imprimé en Chine

03-13

Dépôt légal : 2013
Bibliothèque et Archives nationales du Québec

ISBN 978-2-7619-3465-7

Gouvernement du Québec – Programme de crédit
d'impôt pour l'édition de livres – Gestion SODEC –
www.sodec.gouv.qc.ca

L'Éditeur bénéficie du soutien de la Société de
développement des entreprises culturelles du Québec
pour son programme d'édition.

Conseil des Arts     Canada Council
du Canada            for the Arts

Nous remercions le Conseil des Arts du Canada de
l'aide accordée à notre programme de publication.

Nous reconnaissons l'aide financière du gouvernement
du Canada par l'entremise du Fonds du livre du Canada
pour nos activités d'édition.

# Table des matières

# Tomates séchées

**RENDEMENT :** 48 tomates séchées  **PRÉPARATION :** 10 min  **CUISSON :** de 3 à 6 h

24 tomates rouges de type Roma, en moitiés

2 c. à café de sel fin

2 c. à soupe de romarin frais haché

Préchauffer le four à 120 °C (250 °F).

Placer les tomates, côté coupé sur le dessus, sur une plaque de cuisson recouverte de papier sulfurisé. Saupoudrer de sucre, de sel et de romarin. Cuire au four de 3 à 6 heures selon la taille des tomates.

Après 2 heures de cuisson, entrouvrir légèrement la porte du four et la laisser ainsi jusqu'à la fin de la cuisson. Les tomates sont normalement sèches lorsque les bords sont recroquevillés. Vérifier qu'aucun jus ne s'en écoule et que les tomates sont complètement flétries. Déposer la plaque sur une grille et laisser refroidir complètement.

# Pesto de tomates séchées

**PORTIONS :** 4  **PRÉPARATION :** 7 min

225 g (8 oz) de tomates séchées

8 feuilles de basilic

2 gousses d'ail

2 c. à soupe de noix de pin

3 c. à soupe de parmesan

125 ml (½ tasse) d'huile d'olive extra vierge

1 pincée de poivre

Au robot culinaire, hacher les tomates séchées et le basilic. Ajouter l'ail et les noix de pin. Mélanger jusqu'à l'obtention d'une purée grossière. Incorporer le parmesan. Sans arrêter de mélanger, ajouter lentement l'huile d'olive. Poivrer et bien mélanger. Servir sur du pain grillé ou en accompagnement d'un plat de pâtes.

**VARIANTE :** Pour un pesto méditerranéen, après avoir poivré la préparation, ajouter 100 g (3 ½ oz) d'olives noires dénoyautées et 2 anchois. Mélanger 1 minute au robot culinaire.

# Sauce froide à la tomate (pour pâtes)

**PORTIONS:** 4  **PRÉPARATION:** 8 min

1 gousse d'ail

1 petite échalote

1 c. à soupe de basilic frais haché

1 c. à café de graines de coriandre moulues

1 c. à café de jus d'orange

1 pincée de sel

1 pincée de poivre moulu

5 grosses tomates mûres, épépinées et hachées grossièrement

2 c. à soupe d'huile d'olive extra vierge

Au robot culinaire, hacher l'ail et l'échalote finement. Ajouter le basilic, les graines de coriandre, le jus d'orange, le sel et le poivre. Mélanger 1 minute. Verser dans un grand bol. Ajouter les tomates et bien mélanger. Verser l'huile d'olive dans la préparation et mélanger. Servir sur des pâtes chaudes ou froides.

**NOTE:** Cette sauce rapide peut être préparée avec du persil ou du cerfeuil au lieu du basilic et de la coriandre.

# Sauce chaude à la tomate

**PORTIONS:** 4  **PRÉPARATION:** 8 min  **CUISSON:** 28 min

3 c. à soupe d'huile d'olive extra vierge

1 oignon, haché

1 branche de céleri, hachée

1 carotte, hachée

1 gousse d'ail, écrasée

6 tomates mûres, en dés

6 feuilles de basilic frais, hachées

1 branche de thym, hachée

1 feuille de laurier

250 ml (1 tasse) de jus de tomate

Sel et poivre

Dans une grande casserole, chauffer l'huile d'olive. Ajouter l'oignon, le céleri et la carotte. Faire revenir 3 minutes. Ajouter l'ail, les tomates, le basilic, le thym et le laurier. Cuire à feu moyen 5 minutes. Ajouter le jus de tomate. Saler et poivrer, au goût. Baisser le feu et laisser mijoter 20 minutes. Servir sur des pâtes chaudes.

**NOTE:** Pour que la sauce adhère parfaitement aux pâtes, juste avant d'égoutter celles-ci, ajouter 3 c. à soupe de leur eau de cuisson à la sauce tomate.

# Ketchup de tomates et de légumes du jardin

**RENDEMENT:** 6 pots de 500 ml (2 tasses)  **PRÉPARATION:** 25 min
**CUISSON:** 1 h 45 min  **ATTENTE:** 2 h  **RÉFRIGÉRATION:** 12 h

2 kg (4 ⅓ lb) de tomates mûres, en dés

3 gros oignons, en tranches

2 c. à café de sel

290 g (1 ½ tasse) de sucre

3 branches de céleri, hachées

4 petites courgettes, en dés

3 pommes, pelées, en petits dés

3 c. à soupe de raisins secs

2 c. à soupe de cassonade

500 ml (2 tasses) d'eau

250 ml (1 tasse) de vinaigre de vin rouge

2 c. à café de graines de coriandre

1 c. à café de grains de poivre

Dans un grand bol, mélanger les tomates et les oignons. Saupoudrer de sel et de sucre ; mélanger. Couvrir et réfrigérer 12 heures.

Verser la préparation de tomates dans une grande casserole. Ajouter le céleri, les courgettes, les pommes, les raisins secs, la cassonade, l'eau, le vinaigre, les graines de coriandre et le poivre. Cuire à feu moyen 90 minutes, en remuant de temps à autre. Goûter et saler légèrement au besoin. Porter à ébullition et cuire 15 minutes.

Consommer immédiatement. Pour conserver plus longtemps, verser dans des pots stérilisés. Fermer les pots et les retourner. Laisser refroidir complètement (environ 2 heures) et conserver dans un endroit frais.

## NOTES

- Après ouverture du pot, le ketchup se conserve 1 semaine au réfrigérateur.
- Le ketchup se sert en accompagnement de viandes grillées ou de poulet rôti.

# Bruschetta à la tomate

**PORTIONS:** 4   **PRÉPARATION:** 5 min

8 tranches de pain de campagne, grillées

1 gousse d'ail, coupée en 2

4 c. à soupe d'huile d'olive extra vierge

3 grosses tomates, pelées et coupées en dés

1 c. à café de jus de citron

Sel et poivre

8 feuilles de basilic

Frotter les tranches de pain de campagne grillées avec les demi-gousses d'ail. Arroser de quelques gouttes d'huile d'olive.

Dans un bol, mélanger les tomates, le jus de citron et le reste de l'huile d'olive. Saler et poivrer légèrement.

Déposer une feuille de basilic sur chaque tranche de pain grillée. Couvrir d'un peu du mélange aux tomates. Servir immédiatement.

**NOTES**
- On peut ajouter quelques gouttes de vinaigre balsamique avant de servir.
- On peut aussi parsemer de fromage mozzarella et passer sous le gril 2 minutes avant de servir

# Gaspacho de tomates à l'aïoli

**PORTIONS:** 6   **PRÉPARATION:** 25 min   **RÉFRIGÉRATION:** 2 h

8 grosses tomates
1 oignon, haché
2 gousses d'ail, hachées
1 poivron vert, haché
1 concombre, haché
4 tranches de pain de mie
2 c. à soupe de vinaigre de xérès
Sel et poivre

**Aïoli**
3 jaunes d'œufs
1 c. à soupe de moutarde de Dijon
1 c. à soupe de vinaigre de vin
½ c. à café de sel
5 gousses d'ail, hachées
250 ml (1 tasse) d'huile d'olive
     extra vierge (ou d'huile
     de tournesol)
1 c. à soupe de jus de citron
1 pincée de safran

Hacher 6 tomates. Au robot culinaire, mélanger les 6 tomates hachées, l'oignon et l'ail jusqu'à l'obtention d'une fine purée. Ajouter le poivron, le concombre, le pain et le vinaigre. Actionner l'appareil par touches successives pendant 3 minutes. Saler et poivrer, au goût. Réfrigérer 2 heures.

Aïoli : Dans un bol, au fouet, mélanger les jaunes d'œufs et la moutarde. Ajouter le vinaigre de vin et le sel. Bien mélanger. Incorporer l'ail. Tout en fouettant, ajouter très lentement l'huile d'olive ou de tournesol. Fouetter pour monter la mayonnaise. Ajouter le jus de citron et le safran.

Couper les 2 tomates qui restent en petits dés.

Verser le gaspacho dans des bols individuels. Garnir des dés de tomates et d'une bonne cuillerée d'aïoli. Servir immédiatement.

**NOTE:** Pour un goût vraiment authentique, choisir une huile d'olive extra vierge d'Espagne au fruité intense.

# Mousse de tomate aux herbes, sauce au concombre

**PORTIONS:** 4   **PRÉPARATION:** 20 min   **CUISSON:** 12 min   **ATTENTE:** 10 min   **RÉFRIGÉRATION:** 3 h

3 feuilles de gélatine

1 c. à soupe d'huile d'olive extra vierge

1 gros oignon blanc, en dés

6 tomates mûres, en dés

Sel et poivre

1 c. à soupe de marjolaine hachée

1 c. à soupe de cerfeuil haché

1 c. à soupe de mélisse hachée

1 c. à soupe de basilic haché

120 g (½ tasse) de ricotta

2 c. à soupe d'eau tiède

2 c. à soupe de vinaigre de riz

½ piment oiseau rouge, haché finement

2 concombres, râpés

½ c. à café de sucre

Dans un bol d'eau froide, faire tremper la gélatine.

Dans une poêle, chauffer l'huile d'olive. Ajouter l'oignon et faire revenir 2 minutes. Ajouter les tomates et laisser mijoter à feu doux 10 minutes, sans couvrir, en remuant souvent. Retirer du feu et verser dans un grand bol. Saler et poivrer légèrement. Laisser refroidir 10 minutes.

Égoutter la gélatine et l'incorporer aux tomates. Ajouter les herbes et la ricotta. Verser la préparation au robot culinaire et mélanger 3 minutes.

Verser la mousse dans des ramequins. Couvrir et réfrigérer 3 heures.

Pendant ce temps, dans un bol, mélanger l'eau tiède et le vinaigre de riz. Ajouter le piment, les concombres et le sucre. Bien mélanger.

Retourner les ramequins de mousse de tomate sur des assiettes et démouler. Garnir de sauce au concombre et servir immédiatement.

# Petits pains à la tomate et au chorizo

**PORTIONS :** 6   **PRÉPARATION :** 25 min   **ATTENTE :** 10 min   **CUISSON :** 45 min

60 ml (¼ tasse) d'huile d'olive extra vierge

1 gros oignon, haché

4 tomates, en dés

3 œufs

300 g (1 ½ tasse) de farine + 2 c. à soupe (pour les moules)

1 c. à soupe de levure chimique (poudre à pâte)

125 ml (½ tasse) de lait, chaud

100 g (1 tasse) de gruyère râpé

12 tomates séchées, hachées

1 c. à soupe de thym frais haché

150 g (5 oz) de chorizo, en dés

Sel et poivre

Noisette de beurre (pour le moule)

Préchauffer le four à 180 °C (350 °F).

Dans un poêlon, faire chauffer 2 c. à soupe d'huile d'olive. Ajouter l'oignon et faire sauter 4 minutes. Ajouter les tomates et cuire à feu moyen 10 minutes. À l'aide d'une écumoire, égoutter la préparation et la transférer dans un bol. Laisser refroidir 10 minutes.

Dans un grand bol, fouetter les œufs, la farine et la levure chimique. Incorporer le lait et le reste de l'huile d'olive. Ajouter le mélange d'oignons et de tomates, le gruyère, les tomates séchées, le thym, le chorizo, une pincée de sel et de poivre.

Verser la préparation dans de petits moules à muffins beurrés et farinés. Cuire au four 30 minutes ou jusqu'à ce que les petits pains soient bien dorés et fermes. Retirer du four, démouler et laisser refroidir complètement avant de servir.

**NOTES**
- Si on utilise un grand moule à pain, laisser cuire de 40 à 50 minutes.
- On peut servir ces pains avec du fromage ou des charcuteries.

# Pico de gallo

**PORTIONS:** 6    **PRÉPARATION:** 10 min    **RÉFRIGÉRATION:** au moins 1 h

450 g (1 lb) de tomates, en petits
   dés

1 piment jalapeno, haché

1 gros oignon blanc doux, en petits
   dés

1 petit concombre, en dés

1 mangue, pelée, coupée en dés

1 gros bouquet de coriandre, haché
   finement

2 c. à soupe de jus de citron vert

2 c. à soupe de zeste de citron vert

1 pincée de sel

Dans un grand bol, mélanger les tomates, le piment,
l'oignon, le concombre, la mangue, la coriandre, le jus et le
zeste de citron vert. Saler légèrement, couvrir et réfrigérer
au moins 1 heure pour que les saveurs se marient. Servir
avec des chips de maïs.

**NOTE:** Le pico de gallo est traditionnellement servi, au
Mexique, comme condiment. On peut aussi l'utiliser pour
accompagner un poulet rôti.

# Salade aux 4 tomates et aux oignons blancs

**PORTIONS:** 4   **PRÉPARATION:** 20 min   **CUISSON:** 12 min

250 ml (1 tasse) d'huile d'olive extra vierge

4 gros oignons blancs, hachés

2 c. à soupe de sucre

1 c. à café de moutarde de Dijon

1 c. à soupe de vinaigre de xérès

Sel et poivre

2 grosses tomates orange mûres, en tranches épaisses

2 tomates rouges mûres, en tranches épaisses

2 tomates zébrées mûres, en tranches épaisses

2 tomates jaunes mûres, en tranches épaisses

1 petit bouquet de cerfeuil

16 olives noires

Dans un poêlon, chauffer 2 c. à soupe d'huile d'olive. Ajouter les oignons et faire revenir 5 minutes à feu moyen. Ajouter le sucre et mélanger. Continuer la cuisson à feu doux, 7 minutes, en remuant souvent.

Verser la préparation au robot culinaire. Ajouter la moutarde, le vinaigre, une pincée de sel et de poivre. Mélanger 2 minutes. Ajouter le reste de l'huile d'olive en fouettant lentement. Verser la moitié de la sauce dans des assiettes.

Disposer les tomates sur la sauce en alternant les couleurs. Saler et poivrer légèrement. Garnir de cerfeuil et d'olives. Servir avec le reste de la sauce.

# Salade de tomates au kiwi

**PORTIONS:** 4   **PRÉPARATION:** 10 min   **RÉFRIGÉRATION:** 20 min

3 c. à soupe d'huile d'olive extra vierge

1 c. à soupe de Cointreau (ou 1 c. à soupe de jus d'orange mélangé à ½ c. à café de sucre)

1 c. à soupe de jus d'orange

1 c. à café de fleur de sel

¼ c. à café de poivre noir moulu grossièrement

4 tomates orange, en tranches

4 kiwis, pelés et coupés en tranches

1 botte de ciboulette, hachée

125 ml (½ tasse) de crème à fouetter 35 %

1 pincée de sel

1 pincée de poivre moulu

Dans un petit bol, fouetter l'huile, le Cointreau, le jus d'orange, la fleur de sel et le poivre.

Dans une assiette de service, disposer les tranches de tomate et de kiwi en les alternant. Arroser de marinade à l'orange. Réfrigérer 20 minutes.

Parsemer la salade de ciboulette hachée.

Dans un grand bol, à l'aide d'un batteur électrique, fouetter la crème avec une pincée de sel et de poivre. Garnir la salade de crème fouettée et servir immédiatement.

**NOTE:** Cette recette peut être préparée avec des tomates rouges ; utiliser la même quantité.

# Tomates cerises farcies aux noix

**PORTIONS:** 8  **PRÉPARATION:** 20 min  **ATTENTE:** 15 min

24 tomates cerises

2 tranches de pain de campagne, les croûtes enlevées

1 c. à soupe d'huile de noix

100 g (¾ tasse) de noix, hachées

60 g (½ tasse) de noix de cajou, hachées

1 pomme, râpée finement

2 c. à café de persil haché

2 c. à soupe de mayonnaise

Sel et poivre

Couper le chapeau des tomates et les évider à l'aide d'une petite cuillère en prenant soin de ne pas percer la peau. Les retourner sur un papier essuie-tout. Hacher la chair des tomates et la mettre dans une passoire posée au-dessus d'un bol. Laisser égoutter 15 minutes.

Au robot culinaire, mélanger le pain et l'huile de noix. Ajouter les noix et les noix de cajou ; mélanger 1 minute pour obtenir une pâte.

Dans un grand bol, mélanger la pâte de noix, la chair de tomate égouttée, la pomme, le persil et la mayonnaise. Saler et poivrer légèrement.

Farcir les tomates du mélange aux noix. Poser le chapeau sur le dessus des tomates et servir immédiatement.

# Tomates farcies
# à la tapenade provençale

**PORTIONS :** 4    **PRÉPARATION :** 10 min

12 petites tomates

Sel

450 g (1 lb) d'olives noires, dénoyautées

3 tomates séchées

1 c. à soupe de filets d'anchois hachés

1 gousse d'ail, hachée

1 c. à café de jus de citron

2 c. à soupe d'huile d'olive extra vierge

Couper le chapeau des tomates (du côté du pédoncule). Évider les tomates à l'aide d'une petite cuillère en prenant soin de ne pas percer la peau. Saler l'intérieur des tomates et les retourner sur un essuie-tout.

Au robot culinaire, hacher finement les olives. Ajouter les tomates séchées, les anchois, l'ail, le jus de citron et l'huile d'olive. Mélanger jusqu'à consistance lisse.

Remplir les tomates de tapenade et servir immédiatement.

**NOTE :** Cette tapenade est aussi excellente tartinée sur du pain grillé ou servie sur des œufs brouillés.

# Tomates naines farcies au tartare de saumon

**PORTIONS:** 4   **PRÉPARATION:** 15 min   **RÉFRIGÉRATION:** 15 min

350 g (12 oz) de filets de saumon frais, en petits dés

1 c. à soupe d'huile de pépins de raisin

1 tomate verte, hachée

1 c. à soupe de ciboulette hachée

2 c. à soupe de coriandre hachée

Sel et poivre

6 tomates

1 laitue, en chiffonnade

2 citrons verts, en fines tranches

Mettre le saumon dans un bol et arroser d'huile de pépins de raisin. Ajouter la tomate verte, la ciboulette, la coriandre, une bonne pincée de sel et de poivre. Couvrir et réfrigérer 15 minutes.

Couper les tomates en deux. Les évider à l'aide d'une petite cuillère en prenant soin de ne pas percer la peau. Saupoudrer l'intérieur de sel et retourner sur un essuie-tout.

Remplir les tomates du tartare de saumon. Mettre un peu de chiffonnade de laitue dans des assiettes individuelles. Déposer les tomates farcies sur la laitue. Garnir de tranches de citron vert et servir immédiatement.

# Velouté à la tomate et à l'huile d'olive

**PORTIONS:** 4  **PRÉPARATION:** 15 min  **CUISSON:** 26 min

60 ml (¼ tasse) d'huile d'olive extra vierge

2 échalotes, hachées

1 gousse d'ail, hachée

1 branche de céleri, hachée

10 tomates moyennes, hachées

1 c. à café de zeste de citron

1 pincée de sucre

½ c. à café de cumin moulu

Sel et poivre

Dans une casserole, à feu doux, chauffer 2 c. à soupe d'huile d'olive. Ajouter les échalotes et faire revenir 3 minutes, sans laisser colorer. Ajouter l'ail et le céleri. Faire sauter 3 minutes. Ajouter les tomates et mélanger. Incorporer le zeste de citron, le sucre, le cumin, une pincée de sel et de poivre. Couvrir à moitié et laisser mijoter à feu moyen 20 minutes. Goûter et rectifier l'assaisonnement au besoin.

Au robot culinaire, mélanger la préparation jusqu'à l'obtention d'une purée lisse. Ajouter le reste de l'huile d'olive lentement, tout en mélangeant, pour bien l'incorporer.

Verser dans des bols et servir immédiatement.

**NOTE:** Ce velouté se sert chaud ou froid.

# Cassolettes de saumon à la tomate

**PORTIONS:** 4   **PRÉPARATION:** 15 min   **CUISSON:** 30 min

4 tomates jaunes, en dés

2 tomates vertes, en dés

3 c. à soupe de jus de citron

1 c. à soupe de poudre de cari

1 c. à soupe de cassonade

Quantité suffisante d'huile
   végétale (pour le plat à gratin)

3 darnes de saumon

Sel et poivre

120 g (½ tasse) de beurre, en dés

Préchauffer le four à 190 °C (375 °F).

Dans un bol, mélanger les tomates, le jus de citron, la poudre de cari et la cassonade.

Huiler légèrement 4 plats à gratin individuels. Mettre les darnes de saumon dans les plats. Saler et poivrer légèrement. Ajouter la préparation aux tomates. Parsemer de dés de beurre. Couvrir de papier d'aluminium et cuire au four 30 minutes. Servir immédiatement.

# Crumble de tomates au parmesan

**PORTIONS:** 4   **PRÉPARATION:** 15 min   **CUISSON:** 25 min

8 grosses tomates orange ou rouges, en tranches fines

2 oignons, hachés finement

Sel et poivre

8 feuilles de basilic, hachées

150 g (3 tasses) de chapelure panko

300 g (3 tasses) de parmesan râpé

110 g (½ tasse) de beurre, fondu

Préchauffer le four à 190 °C (375 °F).

Dans des plats à gratin individuels ou dans un grand plat à gratin, mettre plusieurs couches de tomates, en intercalant un peu d'oignon haché entre chacune. Saler et poivrer légèrement. Parsemer de basilic.

Dans un bol, mélanger la chapelure panko, le parmesan et le beurre. Couvrir les tomates du mélange. Cuire au four 25 minutes ou jusqu'à ce que le dessus du crumble soit bien doré. Servir immédiatement.

# Frittata aux tomates et aux chipolatas

**PORTIONS:** 6   **PRÉPARATION:** 10 min   **CUISSON:** 28 min

1 c. à soupe d'huile d'olive extra vierge

4 chipolatas, en morceaux

1 branche de romarin

12 œufs

125 ml (½ tasse) de jus de tomate

125 ml (½ tasse) de crème légère 15 %

Sel et poivre

24 petites tomates

1 c. à soupe de persil, haché

200 g (1 ¾ tasse) de cheddar râpé

Préchauffer le four à 200 °C (400 °F).

Dans un grand poêlon résistant à la chaleur et pouvant aller au four, faire chauffer l'huile d'olive. Ajouter les chipolatas et la branche de romarin. Faire revenir 6 minutes ou jusqu'à ce que les chipolatas soient cuites. Retirer la branche de romarin.

Dans un grand bol, fouetter les œufs, le jus de tomate et la crème. Saler et poivrer. Verser le mélange sur les chipolatas. Ajouter les tomates et le persil. Laisser prendre 2 minutes. Cuire au four 10 minutes. Retirer du four, parsemer le dessus de la frittata de fromage râpé et remettre au four 10 minutes. Servir à même le poêlon.

# Millefeuille de tomates rouges et jaunes au fromage de chèvre

**PORTIONS:** 4    **PRÉPARATION:** 45 min    **CUISSON:** 10 min    **ATTENTE:** 10 min

80 g (⅓ tasse) de beurre, très froid, en dés

100 g (1 ¼ tasse) de poudre d'amandes

8 olives noires, dénoyautées et coupées en dés

2 anchois à l'huile, hachés

450 g (1 lb) de fromage de chèvre frais

2 c. à soupe de fenouil, haché

180 ml (¾ tasse) d'huile d'olive extra vierge

2 tomates rouges mûres, en tranches épaisses

2 tomates jaunes mûres, en tranches épaisses

Poivre

Préchauffer le four à 190 °C (375 °F).

Dans un grand bol, avec les doigts, mélanger le beurre, la poudre d'amandes, les olives et les anchois. Étaler la préparation sur une plaque de cuisson recouverte de papier sulfurisé. Cuire au four 10 minutes. Laisser refroidir 10 minutes, puis émietter la pâte à la fourchette.

Dans un bol, mélanger le fromage de chèvre, le fenouil et 125 ml (½ tasse) d'huile d'olive.

Dans une assiette, déposer une tranche de tomate rouge. Tartiner de la préparation au fromage. Couvrir d'une tranche de tomate jaune et du mélange aux olives. Répéter avec le reste des ingrédients.

Arroser d'un peu d'huile d'olive et servir immédiatement.

**NOTE:** Pour une note d'élégance supplémentaire, on peut ajouter 450 g (1 lb) de chair de crabe au fromage de chèvre.

**39**

# Moules à la tomate

**PORTIONS:** 4  **PRÉPARATION:** 15 min  **CUISSON:** 16 min

125 ml (½ tasse) d'huile d'olive extra vierge

1 échalote, hachée

1 gousse d'ail, hachée

125 ml (½ tasse) de vin blanc

2 c. à soupe de persil haché

2 branches de thym, hachées

2 c. à café d'origan séché

8 grosses tomates mûres, en dés

1 poivron rouge, en petits dés

Sel et poivre

2,5 kg (5 ½ lb) de moules, nettoyées et brossées

2 c. à soupe de beurre salé, froid

Dans une grande casserole à feu moyen, faire chauffer l'huile d'olive. Ajouter l'échalote et l'ail. Faire revenir 2 minutes. Verser le vin blanc et le laisser réduire de moitié. Ajouter les herbes, les tomates et le poivron. Couvrir et laisser mijoter 8 minutes à feu doux. Saler et poivrer légèrement. Ajouter les moules. Couvrir et laisser cuire 6 minutes ou jusqu'à ce que toutes les moules soient ouvertes.

À l'aide d'une écumoire, transférer les moules dans des assiettes creuses individuelles.

Incorporer le beurre froid dans la sauce en fouettant. Verser sur les moules et servir immédiatement.

# Poêlée de tomates et d'éclats d'aubergine à l'ail

**PORTIONS:** 4   **PRÉPARATION:** 15 min   **ATTENTE:** 15 min   **CUISSON:** 14 min

2 fines aubergines japonaises, en tranches minces

1 c. à soupe de sel fin

4 c. à soupe d'huile d'olive extra vierge

4 gousses d'ail, hachées finement

2 c. à soupe d'huile de tournesol

16 petites tomates rouges, en quartiers

16 petites tomates jaunes, en quartiers

16 tomates vertes, en quartiers

16 olives vertes

1 c. à soupe de zeste de citron

½ c. à café de fleur de sel

½ c. à café de poivre moulu

4 c. à soupe de crème fraîche

Mettre les tranches d'aubergine dans une passoire. Saupoudrer de sel fin et laisser dégorger au-dessus d'un grand bol 15 minutes. Rincer les aubergines et les éponger avec un papier essuie-tout.

Dans un poêlon épais, faire chauffer l'huile d'olive. Ajouter l'ail et les aubergines. Faire sauter à feu moyen environ 5 minutes ou jusqu'à ce que les aubergines soient dorées. Retirer les tranches d'aubergine avec une écumoire et les déposer dans une assiette.

Dans une poêle à feu vif, faire chauffer l'huile de tournesol. Ajouter les tomates et faire sauter 4 minutes. Ajouter les olives, le zeste de citron, la fleur de sel et le poivre. Mélanger et cuire 2 minutes. Ajouter les aubergines, mélanger et réchauffer 3 minutes.

Servir immédiatement avec une cuillerée de crème fraîche.

# Quiche de tomates au cheddar

**PORTIONS:** 6    **PRÉPARATION:** 10 min    **CUISSON:** 40 min    **RÉFRIGÉRATION:** 10 min    **ATTENTE:** 5 min

2 c. à soupe d'huile d'olive extra vierge

2 oignons, en tranches

Noisette de beurre (pour le moule)

Quantité suffisante de farine (pour le moule)

1 abaisse de pâte brisée

1 c. à soupe de moutarde de Dijon

4 œufs + 2 jaunes d'œufs

1 botte de ciboulette, hachée

2 c. à café d'origan frais haché

125 ml (½ tasse) de crème à fouetter 35 %

4 tomates, en dés

Poivre

250 g (2 tasses) de cheddar vieilli râpé

Préchauffer le four à 190 °C (375 °F).

Dans un poêlon à feu moyen, chauffer l'huile d'olive. Ajouter les oignons et faire sauter 5 minutes.

Étaler la pâte brisée dans un moule beurré et fariné. Piquer le fond à la fourchette et le badigeonner de moutarde de Dijon. Ajouter les oignons cuits. Réfrigérer 10 minutes.

Dans un grand bol, fouetter les œufs, les jaunes d'œufs, la ciboulette, l'origan et la crème. Ajouter les tomates. Verser dans la pâte à tarte et poivrer généreusement. Couvrir de cheddar. Cuire au four 35 minutes. La garniture doit être prise et la pâte, dorée. Laisser refroidir 5 minutes avant de servir.

# Sandwich merveilleux à la tomate

**PORTIONS:** 4  **PRÉPARATION:** 10 min

Sel

2 tomates jaunes, en tranches fines

2 tomates rouges, en tranches fines

2 c. à café d'huile d'olive extra vierge

8 tranches de pain de campagne, grillées, les croûtes enlevées

4 c. à soupe de mayonnaise

2 c. à soupe de hoummos

4 feuilles de laitue

4 tranches fines de prosciutto

4 tranches minces de mozzarella

40 g (1 tasse) de pousses de radis

Saler les tranches de tomates et arroser d'huile d'olive.

Tartiner la moitié des tranches de pain grillées de mayonnaise et l'autre moitié de hoummos.

Sur la mayonnaise, déposer les feuilles de laitue, les tranches de prosciutto et de mozzarella. Garnir de tomates et de pousses de radis. Couvrir avec les tartines de hoummos. Couper les sandwiches et servir.

# Tartare de tomates *green zebra* au thym

**PORTIONS:** 4    **PRÉPARATION:** 15 min

8 tomates *green zebra*, épépinées et coupées en petits dés

Sel et poivre

2 c. à soupe de thym frais haché

1 c. à soupe de ciboulette hachée

1 c. à soupe de mayonnaise

2 poivrons rouges, en dés

1 échalote, hachée

2 c. à soupe d'huile d'olive extra vierge

1 c. à café de vinaigre de xérès

Déposer les dés de tomate dans un grand bol. Saler et poivrer légèrement. Ajouter le thym, la ciboulette et la mayonnaise. Mélanger. Incorporer les dés de poivron, l'échalote, l'huile d'olive et le vinaigre. Saler et poivrer généreusement.

Déposer le tartare de tomates dans des assiettes individuelles et servir immédiatement.

# Tarte à la tomate et à l'estragon

**PORTIONS:** 4 **PRÉPARATION:** 20 min **RÉFRIGÉRATION:** 30 min **CUISSON:** 40 min **ATTENTE:** 15 min

Noisette de beurre (pour la plaque de cuisson)

Quantité suffisante de farine (pour la plaque de cuisson)

1 abaisse de pâte feuilletée

2 c. à soupe de moutarde de Dijon

2 c. à soupe d'estragon frais, haché

225 g (2 tasses) de fromage emmental ou gruyère râpé

5 tomates, en tranches fines

Sel et poivre

2 c. à soupe d'huile d'olive extra vierge

Préchauffer le four à 180 °C (350 °F).

Étaler la pâte sur une plaque de cuisson beurrée et farinée. Pincer le tour de la pâte pour former un petit rebord. Badigeonner le fond de pâte de moutarde de Dijon. Saupoudrer d'estragon. Réfrigérer 30 minutes.

Couvrir le fond de tarte de fromage. Ajouter les tomates en les faisant chevaucher légèrement. Saler et poivrer, au goût. Verser l'huile d'olive sur les tomates. Cuire au four 40 minutes ou jusqu'à ce que les tomates soient grillées et la pâte, dorée. Laisser refroidir 15 minutes avant de servir.

**NOTE:** La pâte feuilletée surgelée est parfaite pour cette recette ; il suffit de la décongeler au réfrigérateur quelques heures avant de l'utiliser.

# Tatin de tomates

**PORTIONS:** 6    **PRÉPARATION:** 20 min    **CUISSON:** 35 min    **ATTENTE:** 10 min

2 c. à soupe de beurre

1 c. à soupe d'huile d'olive extra vierge

8 tomates de type Roma, coupées en 2

Sel et poivre

2 c. à soupe de vinaigre balsamique

1 c. à soupe de sucre

Noisette de beurre (pour le moule)

2 c. à soupe de chapelure

3 c. à soupe de parmesan râpé

1 c. à café de ciboulette hachée

1 gousse d'ail, hachée

1 abaisse de pâte brisée

Quelques feuilles de basilic

Préchauffer le four à 200 °C (400 °F).

Dans une poêle, chauffer le beurre et l'huile d'olive. Déposer les tomates, côté coupé vers le haut, dans la poêle. Saler et poivrer. Cuire à feu vif 5 minutes. Ajouter le vinaigre balsamique et saupoudrer de sucre. Baisser le feu et cuire 5 minutes.

Beurrer un moule à tarte. Transférer les tomates dans le moule à tarte, côté coupé vers le haut. Parsemer de chapelure, de parmesan, de ciboulette et d'ail.

Couvrir les tomates avec la pâte brisée. Piquer la pâte à la fourchette. Glisser les bords de la pâte à l'intérieur du moule. Cuire au four 25 minutes ou jusqu'à ce que la pâte soit dorée.

Laisser refroidir 5 minutes. Placer une assiette de service sur la tarte et retourner celle-ci. Retirer le moule. Laisser la tatin refroidir 5 minutes. Garnir de basilic et servir immédiatement.

# Tian de tomates au romarin

**PORTIONS:** 6   **PRÉPARATION:** 10 min   **CUISSON:** 40 min   **ATTENTE:** 10 min

2 c. à soupe d'huile d'olive extra vierge

3 gousses d'ail, hachées

4 tomates rouges, en tranches épaisses

4 tomates vertes zébrées, en tranches épaisses

3 gros oignons, en rondelles épaisses

4 feuilles de laurier

8 branches de romarin, hachées

Sel et poivre

Préchauffer le four à 180 °C (350 °F).

Enduire un plat à gratin d'huile d'olive et y mettre l'ail. Ajouter les tranches de tomates et d'oignons en les faisant chevaucher. Intercaler les feuilles de laurier. Parsemer de romarin. Saler et poivrer généreusement.

Cuire au four 40 minutes. Laisser reposer 10 minutes avant de servir.

# Tomates à la provençale

**PORTIONS:** 4   **PRÉPARATION:** 10 min   **CUISSON:** 35 min

4 tomates, coupées en 2

Sel et poivre

4 c. à soupe de chapelure fine

3 gousses d'ail, hachées

1 c. à soupe de persil frais haché

2 c. à café de thym frais haché

1 c. à café de romarin frais haché

3 c. à soupe d'huile d'olive extra vierge

Préchauffer le four à 180 °C (350 °F).

Placer les demi-tomates, côté coupé vers le haut, sur une plaque de cuisson recouverte de papier d'aluminium. Saler et poivrer.

Dans un bol, mélanger la chapelure, l'ail, le persil, le thym et le romarin. Couvrir les tomates de la préparation et arroser d'huile d'olive. Cuire au four 35 minutes.

Servir immédiatement.

**NOTES**

- Ces tomates constituent l'accompagnement idéal pour une viande ou un poisson.
- Servies avec du fromage, elles font un délicieux repas léger.

# Tomates au roquefort

**PORTIONS:** 4    **PRÉPARATION:** 15 min    **CUISSON:** 3 min

6 tomates

Sel et poivre

125 ml (½ tasse) de crème
à fouetter 35 %

1 pincée de piment de Cayenne,
moulu

250 g (2 tasses) de roquefort
émietté

1 branche de céleri, hachée
finement

À l'aide d'un petit couteau, faire une croix au pédoncule de chaque tomate. Dans une grande casserole d'eau bouillante, plonger les tomates 2 minutes. Retirer les tomates de la casserole à l'aide d'une écumoire et les déposer dans un grand bol d'eau glacée.

Peler délicatement les tomates et les couper en quartiers. Saler et poivrer légèrement. Déposer les tomates dans des assiettes individuelles ou dans des verres.

Dans un grand bol, fouetter la crème avec une pincée de piment de Cayenne jusqu'à ce qu'elle forme des pics fermes. Ajouter le roquefort émietté et le céleri. Mélanger à la fourchette. Verser la préparation sur les tomates et servir immédiatement.

# Tomates farcies au spaghetti et au pesto

**PORTIONS:** 4 **PRÉPARATION:** 20 min

4 grosses tomates

Sel et poivre

250 g (9 oz) de pesto préparé

2 c. à soupe de crème à fouetter 35 %

225 g (8 oz) de spaghettis, cuits et refroidis

1 échalote, hachée

½ c. à café de piment séché

4 c. à soupe de grains de maïs cuit

2 c. à soupe d'huile d'olive extra vierge

Feuilles de basilic

Couper le chapeau des tomates et les évider à l'aide d'une petite cuillère en prenant soin de ne pas percer la peau. Saler l'intérieur des tomates et les retourner sur un papier essuie-tout.

Dans un grand bol, mélanger le pesto, la crème, les spaghettis, l'échalote, le piment et le maïs. Saler et poivrer légèrement. Répartir le mélange dans les tomates.

Déposer les tomates dans des assiettes individuelles. Arroser d'un filet d'huile d'olive. Garnir de feuilles de basilic et servir immédiatement ou réfrigérer jusqu'au moment de servir.

**NOTE:** Ces tomates farcies peuvent être préparées 4 heures à l'avance.

# Tortilla de pommes de terre et de tomate

**PORTIONS :** 6   **PRÉPARATION :** 15 min   **CUISSON :** 25 min

3 c. à soupe d'huile d'olive extra vierge

1 gousse d'ail, hachée

4 pommes de terre moyennes, cuites et coupées en rondelles

1 c. à café de paprika fumé

4 grosses tomates, en tranches

1 c. à café d'origan haché

Sel et poivre

10 œufs

Préchauffer le four à 190 °C (375 °F).

Dans un grand poêlon allant au four, faire chauffer l'huile d'olive. Ajouter l'ail et faire sauter 2 minutes. Déposer en rang dans le poêlon la moitié des pommes de terre et saupoudrer de paprika fumé. Couvrir de la moitié des tomates et saupoudrer d'origan. Ajouter en rang le reste des pommes de terre. Saler et poivrer généreusement. Couvrir du reste des tomates. Couvrir et laisser cuire à feu doux 8 minutes.

Dans un bol, fouetter les œufs avec une pincée de sel. Verser lentement sur les légumes, en les soulevant légèrement à l'aide d'une spatule, pour que les œufs enveloppent bien les légumes. Couvrir de papier d'aluminium et cuire au four 15 minutes.

Retourner la tortilla de pommes de terre sur une assiette et servir immédiatement.

Dans la même collection

Complètement
LIMONADES

Complètement
CHEESECAKES

Complètement
CRU

Complètement
QUINOA

Complètement
SOUPES FROIDES

Complètement
SALADES

Complètement
TARTARES

Complètement
SMOOTHIES

Complètement
CREVETTES

Aussi disponibles en version numérique